T0375528

Elegido
exclusivamente

Mi viaje hacia el Propósito

Toni D. Peterson

WESTBOW
PRESS®
A DIVISION OF THOMAS NELSON
& ZONDERVAN

Puede hacer pedidos de libros de WestBow Press en librerías o poniéndose en contacto con:

WestBow Press
A Division of Thomas Nelson & Zondervan
1663 Liberty Drive
Bloomington, IN 47403
www.westbowpress.com
844-714-3454

ISBN: 979-8-3850-1663-1 (tapa blanda)
ISBN: 979-8-3850-1664-8 (tapa dura)
ISBN: 979-8-3850-1665-5 (libro electrónico)

Número de Control de la Biblioteca del Congreso: 2024900559

Información sobre impresión disponible en la última página.

Fecha de revisión de WestBow Press: 6/4/2024

Dedicatorias

Aunque no siempre te elegí a ti, oh Dios, Tú sí me elegiste a mí. Me perseguiste con insistencia. Dios, Padre mío, **gracias** por elegirme.

A mi mamá y a todos los guerreros de la oración que están orando a Dios. El oyó y contestó sus plegarias. Escuchó y contestó cuando yo no tenía fuerzas para rezar por mí misma. Dios te escucha. Continúa rezando sin cesar.

A la comunidad de profesionales médicos de Gainesville (Dr. S.B.L.). Gracias por desempeñarse con el más alto nivel de atención médica.

A mi familia y amigos más cercanos, gracias por las oraciones, los conmovedores mensajes de ánimo y las numerosas muestras de aliento.

A mi atento esposo durante veintiséis años quien prometió ante Dios que me cuidaría: ¡mis sencillas gracias no son suficientes! ¡Su rápido llamado a la acción fue vital!

Índice

- - - - - - - - - - - -

Capítulo 1

El reinicio espiritual

Como todos sabemos, en 2020 Covid-19 propagarse por todo el planeta, provocando una pandemia. A principios de 2020 el mundo estaba luchando para entender cómo habían cambiado las cosas. Hacia finales de año, se informó que el número de muertes en todo el mundo había alcanzado los tres millones.

Mientras celebrábamos haber sobrevivido al 2020, muchos de nosotros recibimos el año nuevo desde la comodidad de nuestros hogares. Por supuesto que había preocupaciones, pero en su mayor parte las personas estaban listas para retomar sus vidas. El mundo había estado confinado y las familias se habían visto obligadas a trabajar y convivir bajo el mismo techo las veinticuatro horas del día, los siete días de la semana. Nos estábamos adaptando al mandato de distanciamiento social, orando porque habíamos visto lo peor del coronavirus y sin embargo, a medida que el mundo entró en 2021, el virus progresó.

El 4 de febrero de 2021 se hicieron realidad mis peores miedos: me diagnosticaron Covid. Inmediatamente mi familia y yo tomamos las precauciones necesarias para evitar la propagación del virus. Cuatro días después, el 8 de febrero, desarrollé un dolor de cabeza muy persistente. Ese día, todo el tiempo la voz de mi abuela resonaba en mi mente: «no te vayas a dormir con dolor de cabeza». Por eso, a pesar de lo exhausta y fatigada que estaba por el virus, luché contra la necesidad de quedarme dormida. En lugar de eso, opté por llamar a mi esposo, que estaba en el piso de arriba en cuarentena, para informarle que tenía el peor dolor de cabeza que se podía imaginar. Cuando mi esposo descolgó el teléfono, lo recuerdo tratando de reconstruir las palabras que salían de mi boca mientras me pedía que repitiera todo lo que le estaba diciendo. Con gran preocupación bajó corriendo las escaleras para ver cómo estaba yo físicamente. Cuando intenté llegar al baño, inmediatamente caí al piso. Tan pronto como vio cómo estaba, sumado a mi dificultad para hablar por teléfono y mi inmediata caída al piso, comenzó a marcar 911. Terriblemente nervioso, advirtió que mi boca estaba notablemente torcida y mi habla estaba aún más degradada. El no lograba conectarse con un operador del 911, ni siquiera tras varios intentos.

Optó por llamar desde nuestro teléfono fijo y al mismo tiempo desde su teléfono celular personal. Finalmente una operadora del 911 respondió y mi esposo pudo comunicarle que sospechaba que yo estaba teniendo un derrame cerebral. La operadora le pidió a mi esposo que me pasara el teléfono para hablar conmigo. Desde el otro lado del teléfono ella me leyó una frase y me pidió que le repitiera lo que había escuchado. Aparentemente mi intento de repetir la frase la preocupó, porque los paramédicos llegaron a mi casa en menos de diez minutos. fue en eso momento en el que entendí que repetir la frase era una acción extremadamente desafiante para mí y sí, estaba sufriendo un derrame cerebral.

Cuando ocurre una emergencia como ésta la experiencia puede ser aterradora. Se sospechaba que el Covid era el culpable pero aún no se había especificado la gravedad de mi estado, aparte de la ceguera temporal, debilidad en el lado izquierdo y dificultad para hablar. Me encontré recostada en una camilla en la parte trasera de una ambulancia, sin visión ni una comprensión clara de lo que me iba a pasar. Después de la cuarentena en casa, esperaba volver a la normalidad luego de siete a diez días como era habitual en otros casos, pero no fue así. No fui consciente de mi gravedad hasta que escuché a uno de los miembros del equipo del vehículo de emergencias preguntar si deberían llevarme en un «vuelo de vida» al hospital. Ese fue el momento decisivo en el que comprendí la gravedad de mi estado. Debido a las regulaciones de Covid-19, a mi esposo e hijo no se les permitió viajar conmigo en la ambulancia. Allí estaba yo, sola, indefensa y sin esperanza. Tuve que depender en gran medida de lo que oía para comprender un poco los acontecimientos que se sucedían a mi alrededor. Supe que la atención de Dios estaba puesta sobre mí cuando escuché a uno de los paramédicos compartir con otro miembro del equipo que me había reconocido de un servicio de llamada médica en el que había estado unos años antes. El joven que cuidaba de mí era exactamente el mismo que había cuidado de mi hijo unos años atrás.

No puedo recordar ninguna de las pruebas, conversaciones y acontecimientos que tuvieron lugar mientras estuve en el primer hospital al que llegué. Es como si algo o alguien borrara mi memoria. Agradezco que mi esposo estaba cerca y en constante comunicación con el equipo médico. Más tarde pudo relatarme todas las piezas del puzle que me faltaban de ese viaje al primer hospital. Sin que yo tenga ningún recuerdo de los hechos, fui transportada al segundo hospital, un centro de trauma de nivel dos con instalaciones de neurociencia de última generación. Incluso en medio de todo lo que estaba sucediendo, Dios se tomó el tiempo para asegurarse de que mi vida estuviera al cuidado de los mejores médicos. Al llegar pude escuchar el ajetreo y el bullicio de los asistentes médicos que se apresuraron a la puerta de las instalaciones para recibirme. La experiencia fue muy parecida a lo que se ve en la televisión, como en una de las series de ER (sala de emergencia) más populares. Piense en uno de los programas más populares de la sala de emergencias y reproduzca en su mente algunos de los episodios más intensos, de vida o muerte. Así se podrían describir los «sonidos» que escuchaba a mi alrededor. A pesar de los problemas de visión y habla logré comunicarme con el equipo médico con un simple pulgar hacia arriba y hacia abajo para decir sí y no.

Serían cerca de doce horas después de la llamada inicial al 911 antes de que comenzara el procedimiento. Después de la cirugía, mi neurocirujano mencionó que como él y yo teníamos la misma edad, yo fácilmente podría haber sido su hermana, y él Sabía que tenía que cuidarme bien. Incluso en medio de todo lo que estaba sucediendo, Dios se había tomado el tiempo para asegurarse de que mi vida estuviera al cuidado de alguien que Él me había asignado como el mejor. ¿Cuántos de ustedes saben que no fue simplemente la conexión de la edad? Fue dispuesto por Dios. Él y todos los involucrados en ese día me fueron asignados por Dios para que me cuidaran bien. Cuando ya me habían colocado en la mesa de operaciones del quirófano, el doctor me pidió que me quedara muy quieta y nuevamente comuniqué mi «de acuerdo» con un pulgar hacia arriba. Poco después, sentí un tirón en el coágulo de mi cerebro. Me gustaría compartir una pequeña lección médica con ustedes para entender lo que le estaba pasando internamente a mi cerebro. Cuando se produce un derrame cerebral en el cerebro, el coágulo de sangre bloquea una arteria y priva de oxígeno a esta parte del cerebro. En esencia, esa parte muere por falta de oxígeno. El daño producido en el lóbulo frontal de alguien puede causar problemas psicológicos y cognitivos, depresión, debilidad muscular y una serie de síntomas más. Doy gracias a Dios porque creó nuestros cerebros para tener la capacidad de formar nuevas conexiones después de una lesión a través de un mecanismo que se llama neuroplasticidad. La neuroplasticidad es el recableado del cerebro para volver a entrenar las funciones que se han perdido tras una lesión. Esencialmente, el cerebro se reorganiza. Nadie puede decirme que nuestro Dios no es real. Solo Dios puede crear nuestro cuerpo de tal manera que se cure a sí mismo. Así como nuestro cerebro puede formar nuevas conexiones, ¿qué sucede con nuestra capacidad de formar una nueva conexión con Él? ¡Qué Dios al que servimos!

Más tarde, mi esposo compartió conmigo que mi neurocirujano dijo: "Oh, hombre, ella es aguda. ¡Guau, es una luchadora!" Me reí entre dientes y tuve que explicarle a mi esposo lo que había sucedido en el quirófano: cada vez que sentía que mi médico tiraba de ese coágulo, le decía: «Adelante, sáquelo». Incluso ahora me río porque es un reflejo de mi personalidad controladora siendo utilizada en una manera positiva.

Después de lo que pareció un breve momento en el tiempo, Me desperté y me encontré en la unidad de cuidados intensivos (UCI). Mi cuerpo estaba exhausto por la pelea. En el transcurso de unas pocas semanas y durante mi visita posoperatoria con el mismo doctor, supe que el culpable de mi accidente cerebrovascular había sido un coágulo de sangre que se dirigía al lóbulo frontal de mi cerebro. Debido a la ubicación del coágulo (lóbulo frontal), no había forma de que supiera que estaba experimentando un derrame cerebral, que mi habla estaba afectada o que estaba sufriendo de hemiparesia (parálisis parcial en un lado del cuerpo que puede afectar los músculos faciales, los brazos y las piernas).Eso fue el recuerdo de mi experiencia cercana a la muerte (ECM) y la comienzo de mi recuperación. Como sobreviviente de covid-19 puedo admitir que el viaje hacia la recuperación no ha sido fácil. Me fue robada la vida que había creado y construido para mí: el covid entró y me la arrancó. Hoy estoy agradecida de estar viva y, por mi fe, Dios me ha dado el valor de compartir mi historia.

¿Qué dicen Las Escrituras acerca de ser puesto a prueba por Dios?

«Hermanos míos, considérense muy dichosos cuando tengan que enfrentarse con diversas pruebas, pues ya saben que la prueba de su fe produce perseverancia. Y la perseverancia debe llevar a feliz término la obra, para que sean perfectos e íntegros sin que les falte nada». Santiago 1:2-4 (NVI)

«Dichoso el que resiste la tentación porque, al salir aprobado, recibirá la corona de la vida que el Señor ha prometido a quienes lo aman». Santiago 1:12 (NVI)

«En el crisol se prueba la plata y en el horno se prueba el oro, pero los corazones los prueba el Señor». Proverbios 17:3 (NVI)

«Queridos hermanos, no se extrañen del fuego de la prueba que están soportando, como si fuera algo insólito. Al contrario, alégrense de tener parte en los sufrimientos de Cristo, para que también sea inmensa su alegría cuando se revele la gloria de Cristo. Dichosos ustedes si los insultan por causa del nombre de Cristo, porque el glorioso Espíritu de Dios reposa sobre ustedes. Que ninguno tenga que sufrir por asesino, ladrón o delincuente, ni siquiera por entrometido. Pero si alguien sufre por ser cristiano, que no se avergüence, sino que alabe a Dios por llevar el nombre de Cristo». 1 Pedro 4:12-19 (NVI)

«Así también la fe de ustedes, que vale mucho más que el oro, al ser acrisolada por las pruebas demostrará que es digna de aprobación, gloria y honor cuando Jesucristo se revele». 1 Pedro 1:7 (NVI)

«Tú, oh Dios, nos has puesto a prueba; nos has purificado como a la plata». Salmos 66:10 (NVI)

«Él, en cambio, conoce mis caminos; si me pusiera a prueba, saldría yo puro como el oro». Job 23:10 (NVI)

«Faltaba muy poco tiempo para la fiesta judía de la Pascua. Cuando Jesús alzó la vista y vio una gran multitud que venía hacia él, dijo a Felipe: —¿Dónde vamos a comprar pan para que coma esta gente? Esto lo dijo solo para ponerlo a prueba, porque él ya sabía lo que iba a hacer». Juan 6:4-6 (NVI)

«¡Examíname, Señor, pruébame! Pon a prueba mi corazón y mi mente». Salmos 26:2 (NVI)

«Y no solo en esto, sino también en nuestros sufrimientos, porque sabemos que el sufrimiento produce perseverancia; la perseverancia, entereza de carácter; la entereza de carácter, esperanza. Y esta esperanza no nos defrauda, porque Dios ha derramado su amor en nuestro corazón por el Espíritu Santo que nos ha dado». Romanos 5:3-5 (NVI)

«¡Mirad! Te he refinado, pero no como la Plata; Te he elegido en el horno de la aflicción». Isaías 48:10 (NVI)

«Luego de que ustedes hayan sufrido un poco de tiempo, Dios mismo, el Dios de toda gracia que los llamó a su gloria eterna en Cristo, los restaurará y los hará fuertes, firmes y estables». 1 Pedro 5:10 (NVI)

Notas

Notas

Notas

Notas

Capítulo 2

El hombre viejo

S obrevivir al Covid-19 fue solo el comienzo de lo que yo esperaba que fuera una recuperación rápida. Como puedes imaginar, contraer el virus fue una experiencia terriblemente desestabilizadora, por decirlo de forma suave. Después de recibir el alta del hospital tenía grandes expectativas de que me recuperaría pronto y recobraría cierta normalidad. Aunque hay miles de personas en todo el mundo que sobrevivieron al covid-19, hay una gran población de esos sobrevivientes que aún luchan con el «síndrome pos Covid19» o «Covid persistente». Se trata de una condición en la que las personas informan que sufren síntomas persistentes como confusión mental, falta de concentración y enfoque, problemas de memoria y multitarea durante semanas, meses e incluso años después de haberse infectado con el virus.

Desafortunadamente, mi experiencia como paciente con Covid persistente me obligó a reconocer que había demasiados factores sobre el virus que ni siquiera yo entendía. Otro aspecto estresante de tener Covid prolongado es que se pierde toda sensación de seguridad. Entre la terapia física y la terapia ocupacional estaba a merced de hacer solo lo que mi cuerpo me permitía. Para mí fue fácil aceptar los eventos del Covid, pero fue mucho más difícil aceptar la «muerte» de la versión anterior de mí misma. Intenté literalmente todo estaba a mi alcance ser la persona segura que había sido, pero esta nueva versión de mí reclamaba mi atención a las condiciones existentes en ese momento.

Ha transcurrido más de un año desde que me dieron de alta del hospital y todavía tengo muchos recuerdos y estrés postraumático. Todos los que estuvieron cerca de mí tuvieron asientos de primera fila para presenciar cómo esta mujer, que una vez había sido fuerte y que sabía quién era por dentro y por fuera había comenzado a dudar de todo. Mi antigua yo era una persona extremadamente ordenada. Si hubieras entrado en mi espacio de trabajo o en cualquier otra área de mi casa habrías visto que todo estaba bien organizado y en su lugar. Si tuviera que nombrarlos, diría que uno de mis súper poderes era mi habilidad innata para que las cosas se hicieran. Siendo yo una personalidad de tipo «A», lo hacía todo punto por punto. La preocupación por mi salud mental es lo que me llevó a ceder todo el control a mi familia. Las cosas se habían vuelto definitivamente en mi contra. Este fue también el momento decisivo en el que comprendí que ya no era la misma persona.

Siempre me había producido una inmensa alegría cuidar de aquellos a quienes amo. Por eso, tener que ceder el control no fue nada fácil para mí. Además, admitir abiertamente que ya no era capaz de funcionar al mismo nivel hizo que mi identidad interna se estremeciera de miedo.

Cuando mi familia estaba empezando a recuperar el control de sus vidas, sufrí desmayos que ni yo ni mi neurólogo podíamos explicar. Durante poco más de seis meses mi esposo se convirtió en mi chofer personal que me llevaba y me recogía de las citas, la tienda de comestibles y cualquier otro lugar al que tuviera que ir. Los sentimientos de estrés, ansiedad, preocupación, miedo y depresión me invadieron. Aprender a manejar estos sentimientos no fue fácil, pero era consciente de lo importante que era para mi recuperación.

También se convirtió en un desafío para mí la necesidad de planificar, centrar mi atención y realizar múltiples tareas a la vez. Una mujer que antes había podido recordar, retener y procesar información de forma activa sin esfuerzo, ahora necesitaba amplios cuidados. La incertidumbre sobre la naturaleza de la capacidad de mi cerebro se hizo evidente. El Covid me había robado todos los aspectos positivos de mi antiguo yo, dejando a su paso esta versión nueva y más débil. Parecía que el enemigo quería que creyera que estaba mejor muerta… Siendo como soy una persona de voluntad fuerte y de pensamiento positivo, nunca habría tenido pensamientos suicidas, pero en ese momento sentí que era una cuestión de vida o muerte. Aunque brevemente consideré la idea, sabía que tenía que luchar contra el impulso descontrolado. Tuve que luchar por todos los que me amaban y se preocupaban por mí, así como por aquellos que necesitaban que se les recordara que nuestro Dios es sin duda un **sanador**.

¿Qué dicen Las Escrituras acerca de despojarse del hombre viejo?

«Suponiendo que hayas oído hablar de él y hayas sido enseñado en él, como la verdad está en Jesús, a despojarte de tu viejo yo, que pertenece a Tu antigua forma de vida y es corrupta. por deseos engañosos, y ser renovados en el espíritu de vuestra mente, y revestirse del nuevo yo, creado después de la semejanza de Dios en verdadera justicia y santidad». Efesios 4:21-24 (NVI)

«Pero el que se une al Señor se hace uno con él en espíritu». 1 Corintios 6:17 (NVI)

«Si mi pueblo, que lleva mi nombre, se humilla y ora, y me busca y abandona su mala conducta, yo lo escucharé desde el cielo, perdonaré su pecado y restauraré su tierra». 2 Crónicas 7:14 (NVI)

«He sido crucificado con Cristo, y ya no vivo yo, sino que Cristo vive en mí. Lo que ahora vivo en el cuerpo, lo vivo por la fe en el Hijo de Dios, quien me amó y dio su vida por mí». Gálatas 2:20 (NVI)

Por lo tanto, si alguno está en Cristo, es una nueva creación. ¡Lo viejo ha pasado, ha llegado ya lo nuevo! 2 Corintios 5:17 (NVI)

Notas

Notas

Notas

Capítulo 3

No soy mía

Cuando reflexiono sobre mi viaje, me viene a la mente el popular Salmo: «*Quédense quietos, reconozcan que yo soy Dios*» (Salmo 46:10 NVI).

La quietud fue un llamado de Dios a no resistir y permitirle mostrarse a través de mí. La palabra "quieta" en hebreo es rapa, que Significa cesar. En mi caso fue un mensaje que recibí no luchar contra los planes y propósitos de Dios. Desafortunadamente no estaba lista para dejar ir mi antiguo yo, pero claramente Dios tenía otros planes. Fue en ese momento cuando me di cuenta de que me estaba acercando a Su presencia. ¿Por qué? Porque cuando nos acercamos a Dios, las promesas de Dios se hacen realidad en nuestra vida.

Mientras estaba en el hospital recuerdo lo alerta que estaba mi espíritu a la presencia de Dios. Aunque mi estado era grave, había una presencia enorme de Dios conmigo. Normalmente mi mente habría estado distraída en cien cosas diferentes, pero allí lo único en lo que estaba enfocada era en Su presencia. La realidad es que Dios siempre está con nosotros, pero no siempre reconocemos su presencia.

¿Eres consciente de la presencia de Dios en tu vida?

A mí, estar en la presencia de un Dios que todo lo sabe, omnipresente y omnipotente me produce mariposas en el estómago. Mi corazón palpita literalmente en Su presencia. Seguro que la presencia de Dios se siente de forma diferente para las distintas personas. Según mi experiencia, se puede comparar a estar enamorado, la única diferencia es el nivel de intensidad. Aunque no es fácil articular lo que sientes, una cosa que sí sé es que en Su presencia hay una tremenda sensación de paz.

Supongo que se puede decir con seguridad que es bastante normal invocar a Dios cada vez que hay una emergencia. Pero ¿confiarás en Dios en medio de la incertidumbre? Cuando no puedas ver el camino hacia adelante, ¿confiarás en Él? Verás, yo había creado una vida llena de ruido que ahogaba la voz de Dios en mi interior. Pero una de las experiencias más asombrosas me llegó cuando decidí renunciar a todo control a cambio de la presencia de Dios y Su propósito para mi vida. En serio, si le preguntaras a mi esposo, te diría que mi nivel de control superaba con creces la escala de Richter. ¡O se hacía a mi manera o no se hacía! Afortunadamente, una experiencia cercana a la muerte me puso las cosas en perspectiva. Si no hubiera sido por esta experiencia de Covid, no creo que hubiera tenido una conciencia tan decidida de mi verdadero propósito en la vida.

Al principio la idea de aceptar una versión nueva de mí misma me pareció muy extraña y aterradora, pero pronto comprendí que Dios estaba obrando algo nuevo en mí. Estaba creando una nueva mental, física, persona emocional, relacional, psicológica y espiritual. Ya ves, no podía heredar las promesas de Dios sin abrazar la versión nueva de mí y rendirme a Su plan. Dios tuvo que liberarme literalmente de mi viejo yo para hacerme una persona nueva y mejorada. Cuando la Biblia habla de «las cosas viejas que mueren» se refiere a la versión anterior de quienes fuimos una vez. Esta nueva versión de mí se deleita en todas las cosas de Dios. Recibo consuelo y aliento viendo lo lejos que he llegado. Tengo una conexión más íntima con Él y he aprendido la importancia de «estar quieta». Cuando reconocemos a Dios podemos confiar en Él y rendirnos a su plan. Cuando elegimos «estar quietos» y entregar a Dios nuestro inequívoco «Sí», ahí es donde encontramos la paz.

¿Qué dicen Las Escrituras acerca de pertenecer a Dios?

«¿No saben que ustedes son templo de Dios y que el Espíritu de Dios habita en ustedes? Si alguno destruye el templo de Dios, él mismo será destruido por Dios; porque el templo de Dios es sagrado y ustedes son ese templo». 1 Corintios 3:16-17 (NVI)

«¿Acaso no saben que su cuerpo es templo del Espíritu Santo, quien está en ustedes y al que han recibido de parte de Dios? No eres tuyo; Fuiste comprado por un precio. Glorificad, pues, a Dios con vuestro cuerpo". 1 Corintios 6:19-20 (NVI).

«Reconozcan que el Señor es Dios; él nos hizo y somos suyos. Somos su pueblo, ovejas de su prado». Salmos 100:3 (NVI)

«Si vivimos, para el Señor vivimos; y si morimos, para el Señor morimos. Así pues, sea que vivamos o que muramos, del Señor somos». Romanos 14:8 (NVI)

«Yo les doy vida eterna y nunca perecerán, ni nadie podrá arrebatármelos de la mano». Juan 10:28 (NVI)

«El corazón del hombre traza su rumbo, pero sus pasos los dirige el Señor». Proverbios 16:9 (NVI)

«Mas a cuantos lo recibieron, a los que creen en su nombre, les dio el derecho de ser hechos hijos de Dios. Estos no nacen de la sangre, ni por deseos naturales, ni por voluntad humana, sino que nacen de Dios». Juan 1:12-13 (NVI)

Notas

Notas

Notas

Capítulo 4

Acepta lo que Dios permite

«…y a confortar a los dolientes de Sion.
Me ha enviado a darles una corona en vez
de cenizas, aceite de alegría en vez de
luto, traje de alabanza en vez de espíritu
de desaliento. Serán llamados robles de
justicia, plantío del Señor, para mostrar su
gloria». Isaías 61:3 KJV

El nivel de preocupación en torno a mi recuperación
desencadenó una cascada de dudas porque tenía planes…
y mis planes no incluían un virus potencialmente mortal.
Lo sé, entiendo que la vida está llena de incertidumbre

y que algunas cosas simplemente escapan a nuestro control. Literalmente, hice todo lo que estaba a mi alcance para protegernos a mi familia y a mí pero, a pesar de mis mayores esfuerzos, fui víctima de una experiencia cercana a la muerte a causa del Covid. Como puedes imaginar, el camino hacia la recuperación Ha sido una lucha de fe. Al salir del hospital albergaba grandes expectativas de que mi cuerpo y mi mente sanarían rápidamente y que volvería a ser la misma de antes en poco tiempo. Pero a medida que pasaba el tiempo quedó claro que no me recuperaría tan rápido como había imaginado. De hecho, debido a la gravedad de mi condición, estaba dentro del diez por ciento de las personas que, según estimaciones recientes, experimentaban problemas de salud a largo plazo. Aunque la mayoría de las personas reportaron que el tiempo de recuperación de Covid-19 era de dos a tres semanas, mi batalla estaba lejos de terminar.

Sin embargo, cuando decidí que deseaba compartir mi historia, quise transmitir mi mensaje de esperanza a tantos como fuera posible. Es importante entender que no importa cuán impotentes y desesperanzados nos sintamos, Dios no nos ha olvidado. Sé que puede ser difícil entender todo lo que te ha pasado o te está pasando, pero quiero que sepas que Dios nunca te abandonará ni te dejará desamparado. Si eres como yo, sé que has estado dando vueltas en la cabeza a los «qué habría pasado si» de toda la situación. ¿Y si no hubiera contraído el virus? ¿Y si hubiera muerto? ¿Y si nunca recupero mi fuerza? ¿Y si nunca recupero la confianza en mí misma? ¿Y si esta enfermedad se convierte en permanente? De nuevo: ¡no estás solo! Mentiría si dijera que no tengo preguntas. A decir verdad, todavía tengo muchas. Pero aunque no queramos reconocerlo, la misericordia y la gracia de Dios son la razón por la que seguimos viviendo y respirando. La misericordia es compasión o perdón que se muestra hacia alguien a quien está en nuestro poder castigar o dañar. Aunque Dios podría haber elegido castigarnos, algo al alcance de Su poder, cada mañana Él elige renovar Su misericordia hacia nosotros. «El gran amor del Señor nunca se acaba y su compasión jamás se agota. Cada mañana se renuevan sus bondades; ¡muy grande es su fidelidad!». Lamentaciones 3:22-23 (NIV)

¡Grande es tu fidelidad, oh Dios!

En el momento actual de mi viaje sé que desempeñar el papel de víctima me alejaría cada vez más del propósito y los planes que Dios tiene para mi vida. El cambio de Dios a nuestro viaje está destinado a hacernos crecer y no a lastimarnos. Seguimos aquí por el amor, la fidelidad, la misericordia y la gracia incomparables de Dios. Toda nuestra experiencia no fue ni es en vano. Creo firmemente que Dios quiere usar nuestras historias para Su gloria y para ayudar a otros a liberarse del cautiverio y las mentiras del enemigo. «Así que, si el Hijo los libera, serán ustedes verdaderamente libres». Juan 8:36 (KJV)

Cuando escribía este capítulo, Dios reveló que este libro era para tres tipos de personas:

1. Aquellas que sienten que Dios parece no escucharlos o que ya no se preocupa por ellos.
2. Aquellas que han perdido la esperanza y lo culpan a Él por su condición.
3. Aquellas que conocen a Dios, pero han perdido la fe en el camino y han olvidado que Él es el Jehová de todos.

Independientemente de qué lugar ocupes en la lista tienes que saber que ¡nuestras vidas fueron salvadas para Su gloria! Se nos dio una segunda oportunidad para dar vida a nuestro propósito. Ahora tenemos la oportunidad de dar testimonio a otros acerca de cuán fiel y misericordioso es realmente Dios. Respetuosamente, no estoy ignorando de ninguna manera las vidas que se perdieron debido al virus… Mi corazón está con aquellos que amaban y los dejaron atrás. ¡Solo sé que nuestro Dios nos ama y no podemos perder nuestra esperanza en Él! Dios promete que seremos recompensados con «una corona de hermosura» por las cenizas (problemas) que hemos experimentado. Es un mensaje directo de esperanza y promesa de Dios. ¡Es la promesa de un Dios **amoroso** y **misericordioso**! ¡Las Escrituras son nuestra fuente! Son nuestra seguridad. Él no es un Dios que pueda mentir. Por favor, escúchame: nuestro sufrimiento *no fue y no es* en vano. Dios usará aquello que fue enviado para mal y lo transformará para nuestro bien.

Hoy soy más fuerte porque me niego a seguir siendo víctima del Covid. Soy una hija amada del Altísimo y una firme creyente en Sus promesas. Sé lo difícil que es a veces mantenerse fuerte, ¡pero no podemos perder la fe en Él! No pienses ni por un instante que a Dios no le importan nuestras preocupaciones. Sí le importan. Lo que te lastima a ti lo lastima a Él. «Depositen en él toda ansiedad, porque él cuida de ustedes» (1 Pedro 5:7). Simplemente necesitamos confiar en nuestro Señor porque Él se preocupa por nosotros. Su palabra nos dice que Él nos dará una corona de hermosura para todas las estaciones dolorosas. Esa declaración incluye cualquier sufrimiento mental, físico, emocional y relacional. Cuando elijamos darle a Dios nuestro "Sí" y entregarle nuestras cenizas, las cosas comenzarán a cambiar. Es Dios quien nos da la paz que sobrepasa todo entendimiento y el gozo para ayudarnos a atravesar los tiempos difíciles.

Puede que te estés preguntando: «¿Cómo me mantengo fiel cuando mi fe se hace añicos?».

1. *¡Reflexiona sobre tus bendiciones!* Cuando te enfrentes a un día difícil, comienza a reflexionar sobre las cosas buenas, tus bendiciones tanto pasadas como presentes.

2. *¡Ten fe absoluta!* Has sufrido mucho, pero confía en el Señor con todo tu corazón y no te apoyes en

tu propio entendimiento. En todos tus caminos, reconócelo y Él dirigirá tu andar. «Jesús le dijo: Si puedes creer, al que cree todo le es posible» (Marcos 9:23 ESV). Dios se preocupa y no debes perder la fe.

3. *¡No reprimas tus sentimientos!* Sobreviviste. Está bien expresar las emociones que sientes. De hecho, no hay nada malo en expresar las emociones de forma constructiva. Es el equivalente a la llamada al 911 a Dios en tu estado más vulnerable. Permítete esos momentos de tristeza, simplemente no te quedes ahí. Comparte tus emociones con aquellos en quienes confías y con aquellos que Dios te ha asignado. ¡Te sentirás mejor!

4. *¡No compares tus dificultades con las de otros!* La lucha de ninguna persona es igual a la de otros. «No nos atrevemos a igualarnos ni a compararnos con algunos que tanto se recomiendan a sí mismos. Midiéndote con tu propia medida y comparen unos con otros, no son sabios» (2 Corintios 10:12 **KJV**)

5. *¡Descubre formas alegres de lidiar con los sentimientos negativos!* Lo último que queremos hacer es caer en la oscuridad de la depresión. Vive, ríe y ama… mucho. «**El corazón alegre es un buen remedio**, pero el ánimo decaído seca los huesos» (Proverbios 17:22 **AMPC**).

6. *¡Sé amable contigo mismo!* No te castigues cuando tengas dificultades para hacer las cosas que solías hacer con facilidad. Practica el autocuidado intencional. Toma descansos cuando sea necesario, **quédate quieto** y no te castigues por ello. Incluso Jesús se tomó un tiempo lejos de las multitudes para descansar y recargar energías. Para reponerse, Jesús no se entregó a actividades pecaminosas, sino que intencionalmente se centró en quedarse quieto. Hay fuerza en tu quietud.

¿Qué dicen Las Escrituras acerca de aceptar lo que Dios permite?

«Por eso les digo: No se preocupen por su vida, qué comerán o beberán; ni por su cuerpo, cómo se vestirán. ¿No tiene la vida más valor que la comida y el cuerpo más que la ropa? Fíjense en las aves del cielo: no siembran ni cosechan, ni almacenan en graneros; sin embargo, el Padre celestial las alimenta. ¿No valen ustedes mucho más que ellas? ¿Quién de ustedes, por mucho que se preocupe, puede añadir una sola hora al curso de su vida? ¿Y por qué se preocupan por la ropa? Observen cómo crecen los lirios del campo. No trabajan ni hilan; sin embargo, les digo que ni siquiera

Salomón, con todo su esplendor, se vestía como uno de ellos». Mateo 6:25-32 (NVI)

«Cristo nos libertó para que vivamos en libertad. Por lo tanto, manténganse firmes y no se sometan nuevamente al yugo de esclavitud». Gálatas 5:1 (NVI)

«Carguen con mi yugo y aprendan de mí, pues yo soy apacible y humilde de corazón, y encontrarán descanso para sus almas». Mateo 11:29 (NVI)

«Pero ¿cómo pueden ustedes atribuirse mérito alguno si soportan que los maltraten por persistir en hacer el mal? En cambio, si sufren por hacer el bien, eso merece elogio delante de Dios». 1 Pedro 2:20 (NVI)

«Den gracias a Dios en toda situación, porque esta es su voluntad para ustedes en Cristo Jesús». 1 Tesalonicenses 5:18 (NVI)

«Venga tu reino, hágase tu voluntad, así en la tierra como en el cielo». Mateo 6:10 (NVI)

«Así que no temas, porque yo estoy contigo; no te angusties, porque yo soy tu Dios. Te fortaleceré y te ayudaré; te sostendré con la diestra de mi justicia». Isaías 41:10 (NVI)

«Más bien, debieran decir: "Si el Señor quiere, viviremos y haremos esto o aquello".» Santiago 4:15 (NVI)

Notas

Notas

Notas

Capítulo 5

«*Sí, Dios, porque tú lo dices.*»

Profesionalmente trabajo como investigadora clínica. Por supuesto, esta no era la carrera inicial que habría elegido para mí. Entré en esta carrera profesional por accidente. Aquellos de ustedes que estén familiarizados con la industria de la investigación y el desarrollo me Entenderéis cuando digo que no es una industria fácil para iniciar una carrera profesional. Literalmente comencé desde abajo y me abrí camino hacia arriba. Como muchos de ustedes, una vez que me contrataron tenía listo un plan de cinco años, un plan de diez años y un plan de jubilación. Trabajé para dura lograrlo. Mi objetivo era trabajar duro, abrirme camino y ascender profesionalmente para un día retirarme en la cima. Por simple que parezca, no incluí la posibilidad de una pandemia.

Un día estás sano y viviendo tus mejores años y luego, de repente, la realidad te lanza una bola curva y te descubres luchando por tu vida. No me malinterpreten, entiendo que la vida tiene la capacidad de alterar todas las cosas, pero nunca esperé algo así. En mi camino hacia la recuperación, recuerdo haber tenido una petición y solo una: recuperar mi vida. «Ellos» dicen que no debes cuestionar a Dios, pero fue muy difícil no hacerlo. Tenía preguntas y Él era el único que podía darme las respuestas. Estaba enojada y necesitaba respuestas de Él... ¡solo de Él! Los médicos hacían todo lo que podían con el conocimiento y las pautas limitadas que se les proporcionaban, pero en muchos sentidos tenían las manos atadas. Solo podían tratar lo que se les presentaba médicamente en la superficie. En una situación como esta únicamente podía depender de mi fe en Dios. En el fondo de mi corazón sabía que Él no me había perdonado la vida para que pasara el resto de mis días en la aflicción, como había vivido mis días anteriores, abriéndome camino a través de los sufrimientos y los ruidos. Ahora era copiloto de la vida que Dios me había prestado.

¡Los caminos de Dios no son nuestros caminos, Sus pensamientos no son nuestros pensamientos! Él no estaba conmocionado por la pandemia, pero lo estábamos.. Dios siempre tiene un plan. Nuestro trabajo es buscar a Dios para entender cómo debemos caminar en él y a través de él. Comencé a repensar mi experiencia desde una perspectiva diferente... ¿Y si me eligió para un momento como este? Sé que puede sonar como si hubiera perdido el norte, pero piénsalo. «Sabemos que Dios dispone todas las cosas para el bien de quienes lo aman, los que han sido llamados de acuerdo con su propósito» Romanos 8:28 (KJV). Correcto, ¿verdad? Aquello que el enemigo envió para el mal, Dios lo revertirá y lo usará para bien. Dicho esto, no fue hasta que me senté con uno de mis amigos más cercanos que comenzamos a rastrear la mano de Dios usando los datos de los eventos. . Desde el principio hasta ahora, Dios había orquestado la serie de sucesos que condujeron a mi hospitalización y hasta bien entrada mi recuperación.

La primera señal de la mano de Dios fue que mi esposo estaba en casa para llamar al 911. Al comienzo de la pandemia, todas las escuelas de los Estados Unidos cerraron sus puertas. En respuesta a la propagación del Covid se implementó el aprendizaje remoto con aulas virtuales desde casa. Al comienzo de mi tiempo con Covid, el las escuelas regresaron a la enseñanza en persona y todas Los educadores regresaron a las aulas. No puedo recordar exactamente por qué se retrasó el regreso de mi esposo, pero si no hubiera estado en casa, mi historia podría haber tenido un resultado muy diferente. Como mencioné anteriormente, el conductor del vehículo de emergencias, que vivía a varios condados de distancia, me reconoció de una emergencia médica anterior que había implicado a mi hijo unos años antes, y esa fue la segunda señal. La tercera señal fue cuán sintonizada me sentí con Su presencia mientras estaba en el hospital. No podía verlo físicamente, pero sentí la fuerte presencia de Dios mientras yacía en la mesa de la sala de operaciones. Dios se negó a dejar que me rindiera y muriera en esa mesa. Si alguna vez has estado en Su presencia, no es algo que puedas descartar fácilmente. Recuerdo estar exhausta y quedarme dormida en lo que pensé que era una siesta rápida. Dios no lo permitió y, literalmente, me empujó suavemente en cada ocasión para mantenerme despierta. Inicialmente pensé que todo esto era producto de mi imaginación, hasta que mi cirujano me indicó que dejara de moverme en el momento mismo de cada pequeño empujón. Nuestros espíritus (el de Dios y el mío) estaban tan profundamente interconectados que yo sabía (en el espíritu) que, si me hubiera "dormido", habría muerto. La mano de Dios estaba trabajando, literalmente. Se estaba tomando el tiempo de enviarme señales para tranquilizarme como solo Él podía hacerlo en esas circunstancias. Solo para que supiera que Él no me había abandonado y que estaba allí todo el tiempo.

No es ningún secreto que en tiempos de emergencia tendemos a invocar a Dios de la misma manera que otros marcan el 911. «Hola, Dios. Tengo una emergencia y necesito que vengas a ayudarme a salir de esta situación». ¿Cómo creemos que se siente Dios si solo lo invocamos cuando lo necesitamos? Dios quiere que le dediquemos tiempo en las buenas y en las malas. Mientras estuve en el hospital, supe que Dios estaba conmigo. Sabía también que no había hecho nada excepcional para merecer Su gracia y misericordia, pero Él tuvo a bien arrebatarme de las manos del enemigo y, por eso mismo, yo lo glorificaré y por siempre cantaré Su nombre en alabanza. No solo porque Él me salvara, sino también porque Él murió para que yo pudiera vivir, ¡y vivir abundantemente! Por eso, soy para siempre su hija agradecida.

Hoy camino en la plenitud de saber quién es Dios en mi nueva vida. He abrazado la versión 2.0 de mí misma y sé que mi segunda oportunidad en la vida tiene un propósito mucho mayor. Siempre he conocido a Dios y siempre he sido una de sus hijas elegidas, pero el camino de hoy y todos los caminos futuros con Él serán diferentes. Es posible que nunca vuelva a conectarme a esa versión anterior. Ella era la adicta al trabajo que dejó que el El mundo define quién era ella, mientras que la versión 2.0 permite que Dios la defina y apruebe quién es ella. Ella permitirá que Dios haga exactamente lo que mejor sabe hacer, y sin limitaciones; incluso en momentos de incertidumbre, confiará en Él simplemente respondiendo «Sí Dios, porque tú lo dices». Los movimientos de Dios se nos pueden presentar de maneras diferentes a como estamos familiarizados a experimentarlo. Con demasiada frecuencia ponemos limitaciones a Dios y queremos colocarlo en una caja de tamaño único. ¿Le confiarás a Dios tu «Sí, Dios, porque tú lo dices», incluso cuando la forma en que Él elige aparecer para ti pueda no parecerte familiar? Prepárate y entusiásmate por lo que Él va a hacer por ti de una manera tan poco familiar.

¿Qué dicen Las Escrituras acerca de la obediencia a Dios?

«¿Por qué me llaman ustedes "Señor, Señor", y no hacen lo que les digo?». Lucas 6:46 (NVI)

«¿Están ustedes dispuestos a obedecer? ¡Comerán lo bueno de la tierra! ¿Se niegan y se rebelan? ¡Serán devorados por la espada! El Señor mismo lo ha dicho». Isaías 1:19-20 (NVI)

«Porque así como por la desobediencia de uno solo muchos fueron hechos pecadores, también por la obediencia de uno solo muchos serán hechos justos». Romanos 5:19 (NVI)

«¿Quién es el que me ama? El que hace suyos mis mandamientos y los obedece.

Y al que me ama, mi Padre lo amará; y yo también lo amaré y me manifestaré a él».
Juan 14:21 (NVI)

«Como hijos obedientes, no os conforméis los malos deseos que tenías antes, cuando habéis vivido en la ignorancia, pero como aquel que os llamó es santo, sed también vosotros santos en toda vuestra conducta».
1 Pedro 1:14-15 (NIV)

Notas

Notas

Notas

Capítulo 6

Recorre un nuevo camino

Nuestra mentalidad es un conjunto de creencias que modelan cómo le damos sentido a la vida tal y cómo la conocemos. Es lo que creemos lo que tiene el mayor impacto en nuestras vidas. La forma en que pensamos, nos movemos, sentimos y nos comportamos en cualquier situación se ve influida por un conjunto de creencias. Si alguien te preguntara acerca de tu mentalidad o tus creencias actuales, ¿cómo responderías? En mi caso, ahora veo el Covid como un virus que no puede hacerme daño a menos que se lo encargue Dios. ¡Creo que los virus como el Covid-19 y otras plagas permanecerán en el mundo hasta que nosotros, las personas que Él ha creado, nos humillemos, oremos y reconozcamos que Él es Dios! «Si mi pueblo, que lleva mi nombre, se humilla y ora, y me busca y abandona su mala conducta, yo lo escucharé desde el cielo, perdonaré su pecado y restauraré su tierra» (2 Crónicas 7:14).

Comprendo que puede haber lectores que no son cristianos o que están interesados, pero que no están realmente seguros de lo que significa seguir a Cristo. El pasaje de Las Escrituras que compartí anteriormente significa que se debe girar hacia una dirección diferente, la correcta, y provee instrucciones específicas sobre cómo hacerlo. Cuando elegimos girar en una dirección diferente, estamos eligiendo reconocer que probablemente el actual no es el mejor camino a seguir. Muchos de nosotros hemos recorrido el camino equivocado en un momento u otro y al descubrirlo, sentimos la convicción de que necesitamos tomar una ruta diferente o hallar un nuevo camino.

Cuando decides tomar un nuevo curso, cambias de una mentalidad «fija» a una mentalidad de «crecimiento». Compartiré algunos ejemplos de las diferencias entre una mentalidad fija y una mentalidad de crecimiento para que puedas identificar dónde te encuentras.

Mentalidad fija: Ser sanado está totalmente fuera de mi control. Esperaré en Dios para que me sane.

Mentalidad de crecimiento: ¡La fe sin trabajo está muerta! Continuaré haciendo mi parte mientras confío que ¡por Sus llagas soy sanada!

Cada vez que nos enfrentamos a los desafíos de la vida, es imperativo que revisemos nuestra mentalidad. El estado de ánimo de una persona puede ser el factor determinante en la forma en que uno se preserva frente a la adversidad. . Lo que me mantiene en marcha es el amor inquebrantable de Dios por mí y las promesas que cumplió. Son los momentos especiales de milagros y bendiciones que me envía, casi como si me estuviera lanzando un suave beso. Ten por seguro que todo este viaje ha sido una experiencia de aprendizaje. Se me presentó la oportunidad de corregir mi mentalidad.

Mira, tu mentalidad juega un papel crítico en cualquier situación. ¡Al tener una mentalidad de crecimiento, desarrollas ansia de lucha! Tienes el deseo de seguir avanzando hacia un camino positivo. Esto a menudo se traduce en la construcción de la autoestima, la fe, la confianza y el valor.

Si deseas cambiar de una mentalidad «fija» a una mentalidad de «crecimiento», te recomendaría comenzar tus mañanas con una rutina saludable para saludar el nuevo día. Dios me dio una oración para rezar todos los días, mañana y noche. Comienzo cada mañana con una oración de protección, guía, gracia y favor sobre mi vida. Esta oración me empodera y me ayuda durante todo el día. También ofrezco mi intención de derramar gracia en mis actividades diarias. Es muy fácil frustrarnos con nosotros mismos, pero es de vital importancia derramar sobre nosotros la gracia **todos los días,** comprendiendo que todavía estamos en un proceso llamado recuperación. Si por alguna razón te despiertas y ese día en particular no es un buen día, haz lo que puedas y recuerda que mañana habrá uno nuevo lleno de la gracia de Dios y puedes volver a intentarlo.

«El Señor domina sobre todas las naciones; su gloria está sobre los cielos» (Salmos 113:4). Medito en la palabra de Dios y reflexiono sobre lo que podría haber sido el resultado, pero el Señor miró más allá de mis faltas y eligió darme lo que necesitaba: gracia, misericordia y libertad pura. Ya no temo a lo desconocido porque todo está en Sus manos todopoderosas. Dios me enseñó cómo desarrollar límites, reconocer cuáles son esenciales para mi bienestar y ser firme en ellos, y esto incluye sentirme cómoda con la palabra «no». Soy diligente en cuanto al descanso y la alimentación adecuada, en cuanto a mover mi cuerpo cuando es necesario y a tener tiempo de calidad ininterrumpido a solas.

Perlas de sabiduría: Estaba al borde de la muerte, sin ningún control sobre si iba a vivir o morir. «Aun si voy por valles tenebrosos, no temeré ningún mal porque tú estás a mi lado; tu vara y tu bastón me reconfortan» (Salmos 23:4). Dios guardó su palabra. Él cumplió sus promesas.

«Por lo tanto, no se preocupen por el mañana, el cual tendrá sus propios afanes. Cada día tiene ya sus problemas». (Mateo 6:34).

¿Qué dicen Las Escrituras acerca de una mentalidad espiritual?

«Concentren su atención en las cosas de arriba, no en las de la tierra». Colosenses 3:2 (NVI)

«Los que viven conforme a la carne fijan la mente en los deseos de la carne; en cambio, los que viven conforme al Espíritu fijan la mente en los deseos del Espíritu. La mente gobernada por la carne es muerte, mientras que la mente que proviene del Espíritu es vida y paz. La mente gobernada por la carne es enemiga de Dios, pues no se somete a la Ley de Dios ni es capaz de hacerlo. Los que viven según la carne no pueden agradar a Dios». Romanos 8:5-8 (NVI)

«Al de carácter firme lo guardarás en perfecta paz, porque en ti confía». Isaías 26:3 (NVI)

«Ama al Señor tu Dios con todo tu corazón, con toda tu alma y con toda tu mente —respondió Jesús». Mateo 22:37 (NVI)

«Confía en el Señor de todo corazón y no te apoyes en tu propia inteligencia». Proverbios 3:5 (NVI)

«El hierro se afila con el hierro y el hombre en el trato con el hombre». Proverbios 27:17 (NVI)

«Hasta un necio pasa por sabio si guarda silencio; se le considera prudente, si cierra la boca». Proverbios 17:28 (NVI)

«Por tanto, si sienten algún estímulo en su unión con Cristo, algún consuelo en su amor, algún compañerismo en el Espíritu, algún afecto entrañable, llénenme de alegría teniendo un mismo parecer, un mismo amor, unidos en alma y pensamiento. No hagan nada por egoísmo o vanidad; más bien, con humildad consideren a los demás como superiores a ustedes mismos». Filipenses 2:1-3 (NVI)

Notas

Notas

Notas

Notas

Capítulo 7

Vuelve a examinarte a ti mismo

«Si no sabes a dónde vas, todos los caminos
no te llevarán a ninguna parte».

1. **Es difícil sanar cuando luchas por identificar la esencia de lo que te ha lastimado.**
¿Cómo sabes cuando algo dentro de ti necesita sanación a nivel espiritual, mental, emocional y/o físico? ¿Qué partes de ti necesitan sanación?

----

2. *Por cada bendición hay una prueba.*

¿Te sientes abrumado por las circunstancias de tu vida? ¿Te ha causado dolor sentirte abrumado? ¿Eres consciente de lo que te hace sentir abrumado?

----

3. *No se conquista sin conflicto. No se gana sin luchar.*

Haz una lista de las cosas que te gustaría superar.
Ej.: Dudar de uno mismo, miedo, vergüenza, culpa.

---

4. **¡Para cualquier nuevo nivel en la vida, hay dolores de crecimiento!**

¿Tienes una mentalidad «fija» o una mentalidad «de crecimiento»?

---

5. **Tú eliges el rumbo de tu vida.**

¿En qué estás más enfocado? ¿Te enfocas más en lo negativo que en lo positivo? ¿Te enfocas más en el problema que en el solucionador de problemas?

---

6. **Las montañas no se mueven a menos que les hables.**

Hay vida y muerte en el poder de lo que decimos sobre nuestras vidas.. ¿Qué dices de tu vida?

----

7. *La expectativa es el terreno abonado para los milagros.*

¿Qué esperas de Dios? ¿Qué necesitas que él haga por ti?

Perlas de sabiduría

1. Presta atención a tus pensamientos. Los pensamientos positivos son cruciales para desarrollar una mentalidad de crecimiento.
2. Reemplaza las palabras y pensamientos negativos con palabras y pensamientos positivos.
3. Reconoce el valor de tus experiencias..
4. Confía en Dios durante el proceso.

5. ¡Date gracia!
6. Establece una rutina matutina.
7. Haz una lista de los versículos o afirmaciones sobre las que puedas meditar.
8. Rodéate de personas positivas.
9. ¡Nunca te rindas!
10. Recuerda que eres vencedor por medio de Jesucristo.

Rutina de la mañana: *lunes a viernes*
Tiempo de quietud matinal con Dios: _____
Ejercicio de la mañana: _____
Desayuno de la mañana: _____
Afirmación u oración de la mañana: _____

Rutina de la tarde: *lunes a viernes*
Tiempo de quietud de la tarde: _____
Almuerzo: _____
Haz algo solo por ti _____
Material de lectura: _____

Rutina de la noche: *lunes a viernes*
Meditación nocturna: _____
Diario vespertino: _____
Cuenta tus bendiciones: _____
Descanso y sueño: _____

Tiempo de autocuidado: haz algo por ti mismo. Disfrutar lo que te hace sonreír. (Los ejemplos incluyen un paseo por el parque, un masaje o una cena con amigos.)

Afirmaciones: «Por sobre todas las cosas cuida tu corazón, porque de él mana la vida». Proverbios 4:23

Escrituras: Textos que se relacionan con el lugar del camino donde te encuentras.

Actividades familiares: Dedica tiempo a las personas que amas y que te aman.

Haz una lista de tu círculo de apoyo: Personas que te han sido asignadas por Dios y te aman.

Notas

Notas

Notas

Capítulo 8

Mi nuevo lenguaje de amor

Mi propósito irradió como un rayo de luz brillante a través de mi dolor. A través de mi dolor físico y mental, la revelación para mí fue reconocer la forma en que Dios eligió impulsarme hacia mi propósito. No fue a la fuerza, sino que *fue* amándome de una manera muy peculiar: mostrándome a través de una experiencia cercana a la muerte (ECM) que desea lo mejor para mí. Hubo un tiempo en que mi lenguaje del amor era el éxito, ahora es Propósito. A menudo reflexiono sobre cuánto tiempo me habría llevado dedicar tiempo y energía a escribir Su libro, retrasando aún más el propósito dispuesto para mí y Su plan. El propósito que Dios ha puesto en mí para la glorificación de Su reino reemplaza cualquier plan que yo haya creado para mí. ¡Dios es mi todo! «Porque para mí el vivir es Cristo y el morir es ganancia». (Filipenses 1:21)

Siempre supe que mi relación con Dios era muy especial y que nunca encajé de verdad. Pero no fue hasta mi ECM cuando fui significativamente consciente del tremendo llamado y propósito que Dios había puesto en mi vida.

¡El propósito es algo hermoso! Muchas veces encontramos nuestro propósito a través de nuestro dolor. Pero ¿cuán dedicados estamos a soportar el dolor para llegar a nuestro propósito dispuesto por Dios? Dios me permitió sobrevivir a aquello que estaba planeado que me destruiría porque mi propósito aún no se había cumplido. Nuestro propósito dispuesto por Dios debe llevarse a cabo con la misma consideración que el amor que tenemos en nuestro corazón por Él. ¡Hay tanta libertad y tranquilidad al otro lado del dolor!

Al pensar en el proceso de esta experiencia me doy cuenta que, aunque Dios tenía tantos otros compromisos y oraciones que atender, Él me hizo Su prioridad. Su prioridad era asegurarse de que viviera para contar mi historia y compartir contigo las impresionantes maravillas de nuestro Dios. No es por casualidad que yo siga aquí. Reconozco que se me concedió otra oportunidad por la gracia de Dios para no fallar en el propósito que Él había dispuesto para mi vida antes de que yo naciera. Dios sabía que, dada la oportunidad, le permitiría corregir total y completamente mis defectos, y que lo elegiría a Él sobre todo. Sabía que yo haría las cosas de manera diferente.

En todo estoy aprendiendo las tres acciones: haz una pausa, reza y alaba sabiendo que nuestro Dios es más importante y grandioso que cualquier situación y circunstancia. «¿Qué diremos frente a esto? Si Dios está de nuestra parte, ¿quién puede estar en contra nuestra? (Romanos 8:31).

¿Qué dicen Las Escrituras sobre el plan de Dios para ti?

«Hay muchos planes en la mente de gente, pero al final es el propósito del Señor que permanecerá». Proverbios 19:21 (NVI)

«Porque yo conozco los planes que tengo para ustedes —afirma el Señor—, planes de bienestar y no de calamidad, a fin de darles un futuro y una esperanza. Entonces ustedes me invocarán, vendrán a suplicarme y yo los escucharé. Me buscarán y me encontrarán cuando me busquen de todo corazón». Jeremías 29:11-13 (NVI)

Notas

Notas

Notas

Capítulo 9

Buen carácter

Siempre supe que mi relación con Dios era especial. Yo era diferente. Me sentí diferente de mis hermanos, hermanas y amigos que siempre estuvieron a mi alrededor. Dios no me permitió sentirme cómoda viviendo una vida de pecado. No siempre pude hacer lo que hacían otros y esta puede ser la razón por la que maduré tan tarde. Ya en aquella época, Dios, en Su infinita sabiduría, estaba construyendo en mí un buen carácter.

No siempre hice las cosas a la manera de Dios. Era terriblemente rápida con la lengua y dije cosas que sabía que herían como cuchillos afilados. Es triste decirlo pero yo había perfeccionado la habilidad. Yo sabía cómo y cuándo hacerlo estratégicamente y sin dudarlo. Mi marido dijo que yo sabía cómo herir a la gente con mis palabras. He de reconocer con sinceridad que no me importaba tanto como debería. Desafortunadamente, hay quienes creen que sus vidas pecaminosas son divertidas, inofensivas y buenas porque No hacen daño a nadie. Desafortunadamente, el enemigo tiene Les presentó una perspectiva delirante. Porque somos de Dios, esas vidas de pecado te están haciendo daño. y aquellos que Dios desea asignaros para Su gloria. El espíritu de Dios puede condenar y condenará a la carne y expulsará el pecado. «Si confesamos nuestros pecados, Dios, que es fiel y justo, nos los perdonará y nos limpiará de toda maldad» (1 Juan 1:9 NVI).

No hace falta decir que no era perfecta, pero era real, incluso en mi desorden. Entendí que estaba funcionando en una vida de inmundicia y sabía que solo a través de la confesión auténtica a Él de mis faltas podría ser limpiada y liberada de todos mis pecados pasados. Dios nunca me exigió ser perfecta, solo deseaba mi auténtico arrepentimiento y obediencia. No hay necesidad de hacer que nuestro camino en la vida sea más complicado de lo que debe ser. Confía en Dios y Él hará el resto.

¿Qué dicen Las Escrituras acerca del buen carácter?

«No se amolden al mundo actual, sino sean transformados mediante la renovación de su mente. Así podrán comprobar cómo es la voluntad de Dios: buena, agradable y perfecta». Romanos 12:2 (NVI)

«Quien se conduce con integridad anda seguro; quien anda en caminos perversos será descubierto». Proverbios 10:9 (NVI)

«Finalmente hermanos, lo que sea verdad, lo que sea. es honorable, todo lo que es justo, lo que sea es puro, todo lo bello, todo lo que es loable, si hay excelencia, si hay algo digno de elogio, piensa sobre estas cosas». Filipenses 4:8 (NVI)

«No se deje engañar: "Las malas compañías corrompen el buen carácter"». 1 Corintios 15:33 (NVI)

«Y no solo en esto, sino también en nuestros sufrimientos, porque sabemos que el sufrimiento produce perseverancia; la perseverancia, entereza de carácter; la entereza de carácter, esperanza. Y esta esperanza no nos defrauda, porque Dios ha derramado su amor en nuestro corazón por el Espíritu Santo que nos ha dado». Romanos 5:3-5 (NVI)

«Por esto mismo, esforzaos por complementar vuestra fe con virtud, y la virtud con conocimiento, y la ciencia con dominio propio, y el dominio propio con constancia, y la constancia con piedad, y la piedad con afecto fraternal, y el afecto fraternal con amor». 2 Pedro 1:5-7 (NVI)

«Como hijos obedientes, no se amolden a los malos deseos que tenían antes, cuando vivían en la ignorancia. Más bien, sean ustedes santos en todo lo que hagan, como también es santo quien los llamó; pues está escrito: "Sean santos, porque yo soy santo"». 1 Pedro 1:14-16 (NVI)

«Manteneos libres del amor al dinero y contentaos con lo que tenéis, porque Dios ha dicho: "Nunca os dejaré ni os abandonaré"». Hebreos 13:5 (NVI)

Notas

Notas

Notas

Notas

Capítulo 10

Mi temporada de libertad

Estoy muy segura de que esta temporada soy diferente. Me muevo de manera diferente y ya no soy la persona de que fui hace unos años. Durante esta temporada de de mi vida, Dios me ha aislado mientras me prepara para el trabajo con propósito que me espera. Supongo que es seguro decir que, de hecho, la gente está presenciando mi crecimiento espiritual de primera mano. Una versión diferente de la que han conocido.

Mi crecimiento espiritual es diferente. Ahora camino en obediencia inquebrantable a Dios y a quien Él me ha asignado para el propósito dispuesto para mí. Dios me está preparando para algo que no podría haber asumido fácilmente en mi pasado. Él está ampliando las capacidades de mi fe, reconstruyendo mi carácter y disponiéndome para lo que encontraré a continuación en mi vida. Él me está enseñando diferentes maneras de navegar en esta vida con sabiduría y santa osadía. Él me está enseñando a reconocer Su voz cuando la escucho; me está enseñando a prestar atención al discernimiento y aceptar lo que Él permite incluso cuando no lo entiendo.

Él me está preparando para sentarme en mesas a las que de otro modo no me invitarían a sentarme y a no cuestionar mi presencia ni dudar de la capacidad de mi cerebro para funcionar de manera efectiva. Él está enseñándome el significado sin filtrar de «Reconócelo en todos tus caminos y él enderezará tus sendas» (Proverbios 3:6). Esta es para mí la temporada de poda de mis relaciones y mi carácter. Dios está cortando todo lo que no está en su voluntad para mi vida y su divino propósito. Dios me está guiando a través de ejercicios espirituales estratégicos que requieren que apruebe para poder graduarme y pasar a mi próxima asignación. Mi propósito es demasiado impactante en el Reino de Dios para que yo no resista las distracciones y permanezca concentrada en la tarea que tengo por delante.

Esta temporada de preparación no siempre da la sensación de ser una lujosa columna de nubes porque ha habido momentos de frustraciones, lágrimas y dudas.

No obstante sigo confiando en Dios y en el propósito que creó solo para mí. Rezo continuamente para que me dé la paciencia y la perseverancia para confiar en sus tiempos y en su proceso hasta que Sus promesas para mi vida se hayan cumplido. ¡De la manera menos convencional, Dios, en Su infinita Sabiduría, usó la experiencia con el Covid para liberarme! Él es mejor conmigo de lo que yo fui conmigo misma. Continuaré almacenando mis tesoros en el cielo. No importa cómo comenzó mi historia porque siempre terminará con:

«¡A Dios sea dada la gloria!».

¿Qué dice la Biblia acerca de ser liberado?

«Cristo nos libertó para que vivamos en libertad. Por lo tanto, manténganse firmes y no se sometan nuevamente al yugo de esclavitud». Gálatas 5:1 (NVI)

«Les hablo así, hermanos, porque ustedes han sido llamados a ser libres; pero no se valgan de esa libertad para dar rienda suelta a sus pasiones. Más bien sírvanse unos a otros con amor». Gálatas 5:13 (NVI)

«Desde mi angustia clamé al Señor y él respondió dándome libertad». Salmos 118:5 (NVI)

«En efecto, habiendo sido liberados del pecado, ahora son ustedes esclavos de la justicia». Romanos 6:18 (NVI)

«Así que, si el Hijo los libera, serán ustedes verdaderamente libres». Juan 8:36 (NVI)

Notas

Notas

Notas

Notas

Capítulo 11

Confía en el proceso

Dios nos eligió para Su propósito incluso antes de que naciéramos. Ser elegido a veces viene con un costo. Puede costarnos relaciones, ese trabajo que no deseamos sacrificar por Su propósito, etc. Porque Dios nos ha elegido, somos Su responsabilidad y nada nos faltará. ¡Confía en el proceso! Dios siempre tiene un plan y *Su* propósito está más allá del proceso que transitamos como seres en esta Tierra. Mientras reflexiono sobre un momento pasado en el tiempo, cuando estaba en mi mejor forma física, recuerdo que tuve que confiar en el proceso del entrenador, por muy riguroso que fuera a veces. Pero como sabía cuál era el resultado deseado, sabía que tenía que ser constante con el plan y confiar en el proceso. ¿Qué pasaría si nos tomáramos un momento para considerar a Dios como nuestro entrenador espiritual personal? No siempre experimentaremos resultados o soluciones rápidas, algo que muchas veces puede desencadenar dudas en nuestras mentes humanas. Además, durante esos intensos y rigurosos entrenamientos podemos encontrarnos frustrados, exasperados y pensando en lo fácil que sería abandonar. No siempre disfrutaremos de las exigentes sesiones de entrenamiento que Dios permite, pero ¿seremos consistentes incluso en nuestros momentos más vulnerables y débiles? Cuando relacionamos la constancia con la buena forma física, por más duro que parezca para nuestros cuerpos, lo vemos como una progresión positiva hacia adelante. Sabemos que mantenernos constantes y permanecer enfocados en el resultado físico que deseamos es clave para convertirnos en una versión física mejor de nosotros mismos. De manera similar, se puede decir que la obediencia y moverse en la fe es clave para un mejor resultado espiritual y una versión mejor de nosotros mismos. ¿Qué encuentras más importante, el entrenamiento físico o el espiritual? ¿Son igualmente importantes? Me gustaría creer que ambos son igualmente importantes. Una mejor versión de nosotros mismos, física y espiritual, es lo que Dios desea para nosotros. leemos en 3 Juan 1:2 (NVI), "Amado, yo ruego que todo sea bueno para ti y que disfrutes de buena salud, porque es bueno para el alma.

Todo el mundo desea ir al Cielo hasta que llega el momento de confiar en el proceso y pasar por las difíciles pruebas y tribulaciones. Entonces comienzan las murmuraciones y quejas. ¡Lo sé, porque lo he vivido! Me he sentido desanimada y pensé, porque no vi los resultados rápidos, que tal vez Dios no había escuchado ni atendido mi petición. Durante esos momentos difíciles: ¡pausa, ora, y alabanza! Haz una pausa en las quejas antes de que salgan de tus labios. Ora para que la fuerza sobrenatural de Dios descanse sobre ti. Alábalo por lo que ha hecho. Recuerda que nuestro éxito no se mide por la rapidez con que aparecen las bendiciones en nuestras vidas o por la rapidez con la que nos volvemos famosos y monetariamente ricos al mirarnos a través de la lente del mundo. Al comprender nuestra obediencia, ser fieles en nuestros movimientos santos y enfocarnos en nuestro propósito divino, siempre ganaremos el corazón de Dios, que es la definición del verdadero éxito. Nosotros somos responsables ante Dios de hacer nuestra parte porque Dios tiene Su parte cubierta. La Biblia nos dice: «Porque yo conozco los planes que tengo para ustedes —afirma el Señor—, planes de bienestar y no de calamidad, a fin de darles un futuro y una esperanza» (Jeremías 29:11). Dios honra las promesas que nos hizo. ¿Qué significa declarar algo? Significa hacer saber formal, oficial o explícitamente que existe, decir con fuerza que existe. Honrar a Dios con nuestro "Sí", confiar en el proceso de nuestro formador espiritual (Dios), mantenernos consistentes en el plan y avanzar en la fe nos acercará mucho más al resultado espiritual que deseamos, a través de las puertas del Cielo.

¿Qué dicen Las Escrituras acerca de confiar en Dios durante el proceso?

«Ahora bien, sabemos que Dios dispone todas las cosas para el bien de quienes lo aman, los que han sido llamados de acuerdo con su propósito». Romanos 8:28 (NVI)

«Deléitate en el Señor y él te concederá los deseos de tu corazón. Encomienda al Señor tu camino; confía en él y él actuará». Salmos 37:4-5 (NVI)

«Por eso les digo: No se preocupen por su vida, qué comerán o beberán; ni de tu cuerpo, qué vestirás. ¿No tiene la vida más valor que la comida y el cuerpo más que la ropa?». Mateo 6:25 (NVI)

«Bendito el hombre que confía en el Señor y pone su confianza en él. Será como un árbol plantado junto al agua que extiende sus raíces hacia la corriente; no teme que llegue el calor y sus hojas están siempre verdes. En época de sequía no se angustia y nunca deja de dar fruto». Jeremías 17:7-8 (NVI)

«Confía en el Señor y haz el bien; establécete en la tierra y mantente fiel». Salmos 37:3 (NVI)

Notas

Notas

Notas

Notas

Capítulo 12

El viaje continúa, vida abundante

Somos suficientes; de hecho, somos más que suficientes a través de Jesús. Nuestro Padre es Jehová *Jirah*, Dios provee, y todas las cosas colaboran para nuestro bien. Debido a que soy Su hija, no hay nada por lo que no pueda acudir a Él en oración. Yo le pertenezco a Él y Él es responsable de mí. Ahora que he experimentado el verdadero significado de nuestra relación, reconozco lo que significa pertenecerle a Él en todos los sentidos. Cuando se presentan pruebas y tropiezos, sé que Dios es tan responsable de mí que ya no me preocupo ni tiemblo de miedo porque soy suya. Mi Padre Dios es el Rey sobre todas las cosas,

Él es Todopoderoso, Él creó todo y todos tienen que responder ante Él. Somos descendientes de la realeza, descendientes de Jehová *Jireh*, el Señor provee, de Jehová *Nissi*, el Señor nuestro estandarte (refugio), de Jehová *Rapha*, el Señor que sana, de Jehová *Shammah*, el Señor que está allí, de Jehová *Shalom*, el señor que es paz, y Jehová *Raah*, el señor que es mi pastor! El enemigo viene sólo a robar, matar y destruir, pero nada me faltará porque mi Padre que está en los cielos es Jehová de todos y vino para que yo tenga vida, y la tenga en abundancia. Una vida abundante es una vida llena de alegría, fortaleza para nuestra alma y expectativas de prosperidad y salud.

¿Seguiremos pasando por momentos difíciles en este camino? ¡Por supuesto! Dios no prometió que no soportaríamos dificultades. Pero Su palabra nos muestra muchos ejemplos de Dios cumpliendo Su promesa de ser nuestro Jehová en todas las cosas, a pesar de lo que podamos experimentar en algunas ocasiones. La Biblia describe un ejemplo de vida abundante:

> «Él ha protegido nuestra vida, ha evitado que resbalen nuestros pies. Tú, oh Dios, nos has puesto a prueba; nos has purificado como a la plata. Nos has hecho caer en una trampa; has echado sobre nuestra espalda una pesada carga. Dejaste que cabalgaran sobre nuestra cabeza; hemos pasado por

el fuego y por el agua, pero al fin nos has llevado a un lugar de abundancia» (Salmos 66:8-12).

Cuanto más camino en la audacia de quién soy, hija de Dios Todopoderoso, menos pueden persuadirme el enemigo y el mundo para creer algo menos de mí misma. **Yo soy suficiente** a través de mi Padre, el Señor Dios Todopoderoso. No más autosabotaje, dudas, autoculpa, comportamientos egocéntricos o inseguridades. Adiós a la vieja yo. Hola a la nueva yo en Cristo Jesús. Hola a una vida de Dios primero, amor a mí misma, vida saludable, discurso positivo y pensamiento positivo. ¡Dios, lo eres todo para mí! ¡Mi Protector! ¡Proveedor! ¡Refugio! ¡Sanador! ¡Paz! ¡Pastor! ¡Padre!

¿Qué dicen Las Escrituras acerca de vivir una vida abundante?

«El ladrón no viene más que a robar, matar y destruir; yo he venido para que tengan vida y la tengan en abundancia». Juan 10:10 (NVI)

«Más bien, busquen primeramente el reino de Dios y su justicia, entonces todas estas cosas les serán añadidas». Mateo 6:33 (NVI)

«El Señor te guiará siempre; te saciará en tierras resecas y fortalecerá tus huesos. Serás como jardín bien regado, como manantial cuyas aguas no se agotan». Isaías 58:11 (NVI)

«Así que mi Dios les proveerá de todo lo que necesiten, conforme a las gloriosas riquezas que tiene en Cristo Jesús». Filipenses 4:19 (NVI)

«Toda buena dádiva y toda perfecta bendición descienden de lo alto, donde está el Padre que creó las luces celestes, y quien no cambia ni se mueve como las sombras». Santiago 1:17 (NVI)

«Al que puede hacer muchísimo más que todo lo que podamos imaginarnos o pedir, por el poder que obra eficazmente en nosotros, ¡a él sea la gloria en la iglesia y en Cristo Jesús por todas las generaciones, por los siglos de los siglos! Amén». Efesios 3:20-21 (NVI)

«Y Dios puede hacer que toda gracia [todos los favores y bendiciones terrenales] abunde para ustedes, de manera que siempre, en toda circunstancia, tengan todo lo necesario y toda buena obra abunde en ustedes». 2 Corintios 9:8 (NVI)

«El que le suple semilla al que siembra también le suplirá pan para que coma, aumentará los cultivos y hará que ustedes produzcan una abundante cosecha de justicia. Ustedes serán enriquecidos en todo sentido para que en toda ocasión puedan ser generosos, y para que por medio de nosotros la generosidad de ustedes resulte en acciones de gracias a Dios». 2 Corintios 9:10-11 (NVI)

Notas

Notas

Notas

Unas palabras de cierre de la autora

Deléitate en el Señor y confía en Él, porque el fin para ti es la **paz**.

> «Hermanos, no pienso que yo mismo lo haya logrado ya. Más bien, una cosa hago: olvidando lo que queda atrás y esforzándome por alcanzar lo que está delante, sigo avanzando hacia la meta para ganar el premio que Dios ofrece mediante su llamamiento celestial en Cristo Jesús». (Filipenses 3: 13-14 NVI)

Dios está esperando tu «Sí» voluntario y tu obediencia. ¿Tienes miedo de lo que te depara el futuro? Reemplaza tu preocupación con oración, petición y acción de gracias a Dios Todopoderoso. A su debido tiempo, él te dará su aprobación para compartir tu testimonio. Mi experiencia con el Covid no fue casual. Más tarde descubrí que había sido elegida; elegida exclusivamente para luchar en la primera línea de esta batalla espiritual.

Los viajes espirituales se experimentan para ayudarte a ti y a alguien más.

Hoy se te ha dado el regalo de una nueva oportunidad para no errar el blanco. El tiempo es esencial, y no podemos —no debemos— querer dejar de cumplir el auténtico propósito de Dios para las vidas que Él únicamente nos prestó.

Hoy mi corazón está lleno de gratitud. No solo porque me ha dado otra oportunidad de cumplir su propósito, sino por su fidelidad y amor inquebrantable hacia mí. Esta carrera, tu viaje con Dios no es dada a los rápidos ni a los fuertes, sino al que persevera hasta el fin (Eclesiastés 9:11, NVI). Ya no somos cautivos de nuestro pasado ni de lo que el enemigo dice que no podemos llegar a ser. A aquellos a quienes Dios ha elegido y a aquellos que le han dado un "Sí", Él puede y está dispuesto a dar a el doble para sus problemas.

Dios no hace acepción de personas. Todos estamos familiarizados con la historia bíblica de Job. Dios restituyó a Job el doble de lo que originalmente tenía antes de su tiempo de prueba. El Señor restauró la fortuna de Job cuando Job aceptó lo que Dios le permitió y continuó en su viaje de fe. ¡De hecho, el Señor le dio el doble que antes! «Después de haber orado Job por sus amigos, el Señor lo hizo prosperar de nuevo y le dio dos veces más de lo que antes tenía» (Job 42:10 ESV). ¿Por qué eligió Dios restaurar la fortuna de Job después de orar por sus amigos? La restauración de Job estuvo ligada a su intercesión a favor de sus amigos. Acuérdate de tus amigos y ora por ellos.

Una vez más, experimentamos nuestros viajes espirituales no solo para ayudarnos a nosotros mismos, sino también para traer salvación y restauración a otra persona. Podría decirse que, por la obediencia de Job a Dios y por orar por sus amigos, Job recibió una «doble porción». Contraer Covid no fue el final de mi historia. Este libro, en sí mismo, *no* es mi testimonio. ¡Estar viva y poder sentarme y escribir este libro es el testimonio! Considera que el destino espiritual de alguien podría estar ligado a tu obediencia. Ahora depende de nosotros correr esta carrera con paciencia, determinación y obediencia. Corramos con resistencia la carrera que Dios tiene por delante. «Por tanto, también nosotros que estamos rodeados de una nube tan grande de testigos, despojémonos de todo peso y del pecado que nos asedia **y corramos con perseverancia la carrera que tenemos por delante**». (Hebreos 12:1 NVI).

Termina la carrera ... ¡y termina **fuerte**! Gracias, oh Dios, por amarnos siempre.

Acerca de la autora

Durante las últimas dos décadas, Toni ha prosperado en su trabajo como investigadora clínica. Ella vive en un suburbio de en Georgia (América) con su esposo e hijo. Cuando Toni no está ocupada escribiendo sobre su propósito en life, se la puede encontrar escribiendo papeles médicos de, colgando papel pintado o abrazando a su perro Coco. Aunque Toni es autora por primera vez, cree que, el espíritu del Dios vivo, te tocará y te llevará a la Libertad que solo se encuentra en Cristo Jesús.

Printed in the United States
by Baker & Taylor Publisher Services